2018
IPC 修订指南

中国专利技术开发公司◎组织翻译

王文晶◎译

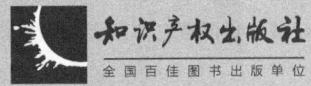

知识产权出版社

全国百佳图书出版单位

图书在版编目（CIP）数据

IPC 修订指南 . 2018/中国专利技术开发公司组织翻译 . —北京：知识产权出版社，2019.7
ISBN 978 - 7 -5130 - 6340 - 1

Ⅰ. ①I… Ⅱ. ①中… Ⅲ. ①专利分类法—修订—指南 Ⅳ. ①G255. 53 - 62

中国版本图书馆 CIP 数据核字（2019）第 126088 号

内容提要

本书由世界知识产权组织（WIPO）2018 年出版的英文版《IPC 修订指南》翻译而来，可供从事科研、生产、信息、教学等工作的工程技术人员、科技信息人员、专利代理人、专利审查员以及分类审查员使用。

责任编辑：王祝兰　　　　　　　　　　　责任校对：谷　洋
封面设计：麒麟轩设计　　　　　　　　　责任印制：孙婷婷
执行编辑：崔思琪

IPC 修订指南（2018）
IPC Xiuding Zhinan（2018）
中国专利技术开发公司　组织翻译
王文晶　译

出版发行：知识产权出版社 有限责任公司		网　　址：http://www.ipph.cn	
社　　址：北京市海淀区气象路 50 号院		邮　　编：100081	
责编电话：010 - 82000860 转 8555		责编邮箱：525041347@ qq. com	
发行电话：010 - 82000860 转 8101/8102		发行传真：010 - 82000893/82005070/82000270	
印　　刷：北京建宏印刷有限公司		经　　销：各大网上书店、新华书店及相关专业书店	
开　　本：787mm×1092mm　1/16		印　　张：2.5	
版　　次：2019 年 7 月第 1 版		印　　次：2019 年 7 月第 1 次印刷	
字　　数：58 千字		定　　价：20.00 元	

ISBN 978 -7 -5130 -6340 -1

目　录

IPC 修订指南

IPC 联盟专家委员会第 37 次会议通过该修订指南，并在第 44～50 次会议上修订。

简　介

1. 《IPC 使用指南》中提供了 IPC 的基本描述及其分类规则。本文件及其附录的目的在于修订 IPC 特别在草拟分类表时提供补充信息。

2. ［删除］

3. ［删除］

第一部分　IPC 的总体目标

4. IPC 的主要目的是为知识产权局或其他用户提供一种高效的专利文献检索工具，以证实或评价专利申请的新颖性和创造性或非显而易见性。

5. 此外，IPC 还起到如下关键作用：

- 作为编排专利文献的工具，从而便于获得其中的技术和法律信息；
- 作为向所有专利信息使用者选择性传播信息的基础；
- 作为研究特定技术领域中现有技术的基础；
- 作为统计工业产权的基础，从而可以对各个领域技术发展作出评估。

6. IPC 的结构必须尽可能使分类位置在执行检索时最为有效。

7. 为此，IPC 必须设计为这样的方式：一个特定的技术主题能够以一致的方式分类，因而能够以同一方式使用相应的检索语句检索到该主题。

8. 如果对分类位置的范围毫无疑问，就可能实现准确和一致的分类。因而，清晰和准确的分类类名文字表述至关重要。

9. 分类位置应当尽可能地互相排除，各位置之间没有重叠。

10. IPC 应当尽可能将发明物作为一个整体加以分类，而不是将各组成部分分别分类。

11. 为了使 IPC 成为一种有效可行的分类体系和检索工具，其必须是动态的。必须不断地对 IPC 进行改进，例如为了下述目的：

- 为新技术的发展作准备；
- 修正不同分类位置间的错误、矛盾或冲突；
- 例如通过细分现有小组进一步改进现有分类表；
- 与反映在主分类数据库（MCD）中的文献分类结果的国际分类实践相一致。

第二部分 IPC 的特点

术语

12. 分类位置的用语必须清晰地指明该位置的范围。

13. 当考虑希望包括截然不同种类的技术主题，而这些主题不便于由单一短语所包括时，则使用多部分类名。多部分类名中每一部分应当解释为一个独立分开的类名。多部分类名应当优先选用带有"或"的句子，修订时尤其要避免一部分类名模糊不清的情况。例如，"铁或铝合金"的含义是模糊不清的，应当被"铁合金；铝合金"或"铁；铝合金"所替代，这取决于类名想要表达的含义。

14. 对同一技术主题，如果不同类名部分只是采用可选择的措辞，则不应当使用多部分类名。

15. 必要时，分类位置的范围可以通过限定参见限制（见下文第 37 段和第 38 段）。然而，优先选用以肯定方式陈述类名范围，这种情形下，不必要使用参见。例如，使用"1/00 电动马达"比"1/00 马达（非电马达入 3/00）"更好，即使这两种表述定义了相同的范围。

16. 在对分类位置的范围有任何疑问的情形下，应当在附注或分类定义中进行解释。

17. 只要可能，分类表中的类名、附注和参见应当给出正确解释分类位置范围的必要信息。分类定义力图给出分类位置范围更为详细的解释，例如通过图解说明、术语定义或描述相关分类位置之间的关系。尤其对于初学者而言，这类补充信息能够提高精确性。在相关技术领域检索分类位置时，分类定义还应当作为可利用的信息。附录Ⅵ《分类定义起草指南》中可以找到分类定义的补充信息，其中包括了起草分类定义的模板。

18. IPC 中以标准含义使用数量有限的术语或词语，这种含义可能不同于它们通常的用法。这些术语及其含义记载在《IPC 使用指南》第 53 段至第 65 段，以及第十六章的"术语表"中。当在分类表中使用《IPC 使用指南》的上述术语或词语时，应当采用其标准含义。同义词或具有相同含义的替代术语应当仅在不适于使用标准术语的特殊情形下使用。

19. 如果《IPC 使用指南》中没有给出使用哪种术语的参考信息，应当检查所采用的术语或词语及其拼写和标点符号与现存分类位置中类似术语的一致性。

20. 类名通常应当是复数形式，除非其可能会使用户混淆分类位置范围。

20 之二. 应当准确且毫无疑义地指明类名中元件或特征的数量。应当避免使用"复数个"（plural）、"许多的"（multiple）和"多个"（multi‑）这类词语，因为它们并未表明精确的数值范围。术语"两个或多个"（two or more）应当优于诸如"多于一个"

（more than one）或"几个"（several）等其他具有类似含义的术语。例如，"包含两层或多层的产品"（products comprising two or more layers）应当优于"多层产品"（multilayer products）。

21. 如果在特定的技术领域，可使用不同的技术术语或词语表达相同的物，在分类表中应当只选用其中的一个，以避免引起混淆，其他的术语或词语可以在分类定义中提及。然而，如果可替代的术语与高等级位置的类名连在一起，这些相同术语应当在所有相关位置一起使用。

22. 当使用缩写时，推荐使用国际标准化组织（ISO）标准化的缩写。

23. 如果使用了 IPC 的使用者可能不熟悉的缩写，应当在分类表中缩写出现的高阶位置处，将缩写及其全称一起给出。全称或其缩写放置在方括号中，例如"AC［交流］"或"交流［AC］"，这取决于其可读性或在特定技术领域中工业惯例。分类表中所使用的缩写还应当与其全称包括在分类定义的"同义词和关键词"部分。

24. 如果适用，应当遵照国际纯粹与应用化学联合会（IUPAC）命名法表达化学词语。

25. 应尽可能使用化学元素的全名。当 IPC 中给元素分组时，应当遵循 IPC 在 C 部开始部分的附注中给出的定义。

26. 除了化学式，希腊字母应当使用拼写，例如，使用"alpha"而不是"α"，以便于文本检索。

27. 分类号应始终以完整形式给出，例如"A22C 21/00"而不是"21/00"。当两个或更多分类位置列在一起时，也应当写出分类号的完整形式，例如"B21C，B21D"而不是"B21C，D"，或者"A22C 21/00，A22C 25/00"也不是"A22C 21/00，25/00"。

27 之二. 如《IPC 使用指南》第 41 之三段及其示例所述，IPC 中的位置总是包括它们的细分组。

28. 除了参见（其放置在圆括弧内）和解释或缩写［其放置在方括弧内］以外，分类表中应当避免使用带括弧的措辞。

29. 应当避免使用商标。然而，当有助于清晰说明有疑问的技术主题时，可以在示例中使用众所周知的商标。此时，商标应当用符号"®"标明。当必须使用普通商标名时，应当尽可能核实这些商标名是否是注册商标。

30. 其他优选的术语或词语

— 术语"工艺"（processes）应当优先于术语"方法"（methods）。并且，在一个特定的分类表中应当只使用其中一个术语。

— 应当使用术语"设备"（apparatus）而不是"机器"（machines），因为其更通用。当在特定技术领域的实践中能够接受使用术语"机器"（machines）时，例如"直流发电机"或"缝纫机"这样的词语，则可以允许这种例外。

— 只有含义在所述上下文中清晰时，才可以使用术语"功能"（functional），例如在"以液压或气动功能元件与至少一种其他类型的功能元件组合为特征的计算设备"。否则，应当替换为一个更清楚的措辞。

— 通常，术语"材料"（material）应当使用单数形式，除非复数形式是为了满足精确表达的需要。

— 除了以《IPC 使用指南》中定义的含义使用词语"发明信息"（invention information）和"发明物"（inventive thing（s））外，应当避免使用术语"发明"（invention（s））和"发明的"（inventive）。

— 当一个组包括的物旨在由特殊细节或特征区分时，应当使用词语"以……为特征的"（characterised by...），而不使用其他可选的词语，诸如"具有特殊的……"（having special...）。举例如下：

对于球类的大组，小组的类名"以球皮为特征的"（characterised by their coverings）应当优于"特殊球皮"（special coverings）（A63B 39/00）。

— 当一个组包括的物旨在以部件或零件结合的特定方式来区分时，应当使用词语"……的配置/布置"（arrangement of ...），而不使用诸如"安装或放置在……"（mounting or disposition of ...）这类替代词语。

应当使用"在内部或靠近牵引轮处布置发动机"（Arrangement of），而不使用"在内部或靠近牵引轮处放置发动机"（Disposition of）（B60K 7/00）。

— 除非旨在表述一个有限的含义，否则应当使用更为宽泛的词语"用于……设备"（arrangements for ...），而不使用诸如"用于……的装置"（devices for ...）或"用于……的器具"（apparatus for ...）这类替代词语。例如：

"用于调节足尖部夹紧装置的设备"（Arrangements for adjusting the toe - clamps）比用于同样目的的词语"工具"（tools）、"装置"（devices）或"器具"（apparatus）更为宽泛（A63C 9/22）。

— 当一个组包括的物旨在为了一个特定应用或解决一个特定问题而经过修改或专门设计时，应当使用词语"专门适用于……"（specially adapted for ...）而不是"特有的"（peculiar to ...）或类似的替代词语。例如：

— "专门适用于船的家具"应当优于"船的特有家具"（B63B 29/04）。

— "专门适用于卫生间通风装置的布置或操作"应当优于"通风装置特有的布置或操作"（E03D 9/04）。

30 之二．应当在分类表中使用英式拼写和术语。例如，应当使用"tyre""aluminium""colour""travelling"和"characterised"，而不使用"tire""aluminum""color""traveling"和"characterized"。相应地，如果必要，应当在分类定义中指明美式英语表达。

参见

31. 参见应当尽可能明确其所指出的技术主题和包括它的分类位置。

32. 参见应当尽可能准确地确定出其所位于的位置中实际指出的技术主题。在某些情况下，单纯重复参见指向的分类位置的类名，并不会对指出了何种技术主题给出清晰的指示。

33. 必须仔细地检查参见所指向的分类位置的范围。尤其不允许指出所指向的分类位置清楚地包括的技术主题，因为指向一个位置的参见的用语从来不应当影响那个分类位置的范围。

34. 参见必须包括至少一个分类位置的分类号，在该分类位置参见所指的技术主题应被分类。不允许出现没有给出任何位置的不具体的参见（Non-specific references），例如，"特别适用于一个特定领域的用途，见相关位置"。当前这种类型的参见应当在修订或维护中加以移除或澄清。

35. 参见应当指向最具体的位置（即等级结构上最低）。该位置包括参见所提到的技术主题，不应指向不具体的小类或大组。

36. 参见应当放置在分类表的最相关位置处，例如，放置在其适用的单一组而非小类级。

37. 限定参见应当总出现在分类表和分类定义当中。有两种类型的限定参见：

－　限定范围参见——从一个分类位置的范围中排除了特定技术主题。该技术主题本应包括在这个分类位置中，限定范围的参见同时指明该技术主题应当分入的分类位置。

－　优先参见——当技术主题能够分类在两个分类位置，或当该技术主题的不同方面分类在两个位置时，使用优先参见，因此该技术主题应当仅在这些分类位置当中的一个位置。

37 之二. 优先参见可以作为限定范围参见的一种形式，也可以作为一种用于组合型技术主题的分类规则。这取决于参见所影响的分类位置之间的关系：

（i）优先参见指向的分类位置是参见所位于的分类位置的子集时，具有与限定范围参见同样的作用。

（ii）优先参见指向的分类位置与参见所位于的分类位置具有部分重叠范围时，优先参见与限定范围参见作用依然相同。

（iii）优先参见指向的分类位置与参见所位于的分类位置没有重叠范围时，优先参见作为组合型技术主题的分类规则。

举例如下（假设）：

10/00　　机械设备（20/00，30/00 优先）

20/00　　液压设备

30/00　　化学设备

－　从 10/00 指向 20/00 的优先参见与限定范围参见"（液压设备入 20/00）"具有同样的作用。因为液压设备是一种类型的机械设备，10/00 包括的技术主题中排除了一个子集，且该子集被放置到不同位置。

－　从 10/00 指向 30/00 的优先参见并不排除化学设备本身，因为化学设备本身并不包括在 10/00 中。该优先参见不能够被"化学设备入 30/00"的参见代替，因为这是一个信息性参见。从 10/00 指向 30/00 的参见的作用是排除能够同时分类在两个位置的技术主题，即化学设备和机械设备的组合。在这种情况下，优先参见在这些位置中建立了一种分类规则。

无论适用于上述三种哪种情形，在分类定义中，通过对所考虑所排除的技术主题进行完整表述，将优先参考注释，列在表头为"限定参见"的表格下。

38. 仅允许在同一小类的不同分类位置之间添加优先参见。除非上下文非常清楚，只要可能，应当优先选用限定范围参见。当所考虑的组在分类表中非常邻近（"接近的原因")时，可以使用优先参见。

39．［删除］

40．信息性参见对其出现的分类位置的范围没有影响。它们应当呈现在分类定义的"信息性参见"的标题下，而非分类表中。这样的参见示例如下：

  - 从面向应用分类位置指向一般位置的参见：

A01C 3/04 肥料装载机（一般装载机入 B65G）

  - 位于不同应用分类位置中适用于相关技术主题的参见：

A21C 15/04 专门适用于除面包以外的焙烤食品的切割或切片的机械或装置（面包的切割或切片入 B26B、B26D）

  - 指向分类位置范围不重叠的相关参见：

A61B 5/06 不使用放射来检测或定位异物的装置（排除异物的入 A61B 17/50）

  - 指向分类表中应用最后位置优先规则或应用最先位置优先规则的参见。

41．应用分类位置中，指向功能分类位置的参见总是信息性的。

例如：

A47C 1/00 专门适用于特殊目的的椅子（涉及可垂直调节特征的入 A47C 3/20）

41 之二．如《IPC 使用指南》第 39 段和第 48 段所述的，非限定参见正在逐步从分类表中移除并转移到 IPC 的分类定义当中。

41 之三．限定参见以表格形式列在分类定义中，表头为"限定参见"（Limiting references）。上文第 37 之二段意义上的子集或组合体，必须在表格中完整描述优先参见所排除的技术主题。

41 之四．非限定参见仅仅呈现在分类定义中"参见"标题下（详见附录Ⅵ"参见"）。

42．如果参见与多部分类名的所有部分都相关，则应当将其放置在参见所涉及的最后部分类名之后。如果参见涉及类名哪一部分并不明显（例如，当其仅与三部分类名中的两个相关时），应当对类名的顺序进行选择，使得所参见的适用范围清晰可辨。否则，参见的表述应当使其指的那部分类名更清楚。可以选择引入附注，替代参见。

43．如果分类位置具有多个参见，它们应当将指出的位置按字母顺序排列，下述情形除外：

  - 优先参见总是应当按照它们的字母顺序放在前面；

  - 在同一个小类中，指向小组的其他参见，应当依照所出现的位置，按照它们的字母顺序放置在优先参见之后，指向其他小类的参见之前。

44．出现在较高等级位置处的参见不应当在较低等级位置处重复出现。然而，当低等级位置处使用参见指向的是更宽领域内更为具体的位置时，且高等级位置处指示了这样的参见，则在低等级位置处可以出现这样的参见。

45．一个位置中的不同参见，或紧密（例如，等级结构上相依赖的组）相关位置中的参见，相互之间的用语应当一致。

46．参见通常应当是复数形式。在复数形式可能导致混淆的例外情况下，可以使用单数形式。

类名中所使用的示例

47. 如果可能，示例整体上应当展示其位置所包括的典型技术主题，而不是类名的单一词语。

47 之二. 应当避免使用那些不重要的示例，这些示例指示的技术主题对于本领域技术人员而言显而易见。如果考虑到这样的示例会有所帮助，可以将其放置在分类定义当中。

47 之三. 能够由所考虑位置的小组类名明确区分的技术主题，不应当使用示例。

48. 当类名的主要部分实际上可作为示例时，则应当优先使用示例。例如，应当首选"切割工具，例如，刀"而不是"刀或其他切割工具"或"刀，其他切割工具"。

49. 在具有多部分类名的分类位置，每一个示例都应当放置在其所应用的类名部分之后。

50. 示例应当优先使用复数形式，例如，"wheels"而不是"wheel"，"fungi"而不是"fungus"。

51. 应当避免列举多个示例。如果需要很多示例，则可以将其放置在分类定义中。在两个或多个示例中，最后两个示例应当用"或"与前面的逗号分隔开。

51 之二. 当给出一个以上示例时，应当避免包含两个或多个单词模糊不清的修饰语或词语。例如，"例如，铁或铝合金"是模糊不清的，应当被替代为"例如，铁合金或铝合金"或"例如，铝合金或铁"，取决于意图要表达的含义。

附注

52. 附注的目的在于给出分类表中不同部分特别相关的详细信息。附注中给出的说明、规则或解释优先于类似的一般性指引或高等级分类位置中给出的指引。

53. 在分类表中，在给出定义、分类规则或给出类似信息的地方仅应当使用术语"附注"（Note）或其复数形式（Notes），不允许使用"附注"（Note）的同义词。

54. 对于每个附注，应当指示其在 IPC 中的有效范围。附注所指示位置的细分组毫无疑问包括在这个"范围"中。

55. 如果附注的范围涉及单一位置，该附注将出现在这个位置后面。如果附注的范围涉及多个位置的一片区域，附注将出现在该区域的第一个位置之前。在等级结构上，附注将出现在属于该区域的最高等级位置前。

56. 出现在较高等级位置的附注不应当在等级结构上依赖其位置处重复出现。然而，如果认为有必要，可以在较高等级的位置中引入一个指向附注的参见，例如，以"注意附注……"的形式。

57. 可以在附录 I 中找到有关附注的进一步说明。

大类和小类索引

58. 大类和小类索引并不是 IPC 中必需的特征，但是，为了简化对分类表结构的理解，可以引入大类和小类索引。这些索引仅起到提供信息的作用，并不改变任何分类位置的范围。

59. 索引中仅应使用大组的类号。

60. ［删除］

导引标题

61. 在一些情况下，小类中的大组与共同的技术主题相关，可以使用导引标题，将这些大组分隔为间隔的若干组，这有助于使用者获取指示信息。导引标题应当包含概况性的与共同技术主题有关的简短陈述。导引标题并不是 IPC 中必需的特征。

62. 导引标题不应当限定或改变与其相关的组的范围。这些组仍应当由其自身定义它们的范围，无须参考导引标题。导引标题中不允许出现参见。

63. 对于那些当前表中组的范围被导引标题修改的情况，必须通过修改组的类名和/或导引标题来纠正。应当删除导引标题中现存的参见，并将其转移到需要它们的组中或转移到附注中。

64. 对于每一个导引标题，应当指明其有效的大组区间。在该区间的第一个大组之前显示导引标题。如果在一个区间的末尾没有出现新的导引标题，应当在该区间的最后小组之后设置一条水平横贯线。

第三部分 修订的策略和详细说明

65. IPC 的修订应当以与上文第 1 段和第 2 段①所确定文件完全相符的方式进行。

66. ［删除］

67. IPC 的修订应当尽可能利用诸如 CPC 和 FI 等其他现存分类表的经验和解决方案。

修订的一般性策略

68. 当确定想要修订一个特定项目时，必须考虑系统整体上的总成本和收益。例如，当可以使用独立语言的方式而非分类就能够有效地检索特定技术时，例如进行化学结构式检索，通常不必修订 IPC 的相应部分。

细分还是重组？

69. IPC 的修订遵循下述两条基本策略：

- 通过添加小组对现存的分类位置进一步细分；
- 重组一个技术领域，例如通过引入新的大组或借助修改现存分类位置的范围来修改它们之间的关系。

70. 很多修订项目需要将上文所述的基本策略相结合。选择策略时必须注意：在提出进一步细分一个 IPC 领域之前，必须研究现存细分位置是否满足检索需要，以评估是否需要进行更大规模的修订。如果可以很容易找到相关的文献，但是组中包括了大量的文献，则可以选择单纯的细分该组。如果在现存的分类位置中很难定位相关文献，那么现存分类位置的范围可能就需要修改。

71. 在某些情况下，在现有的分类表中单纯添加细分组可能对检索效率没有提高。例如，如果现存的细分组的检索效率不高，其进一步细分组也不可能提高检索效率反而使得将来的修订会更为困难。

72. 此外，当考虑到所涉及的再分类、精通新分类表和为审查员分配技术领域的工作成本时，大范围重组 IPC 的一个领域在成本收益上可能并不划算。

73. 因此，必须将修订工作限于必要的改变，且应当考虑所涉及的工作成本。

74. 通常，对于每一个提出待细分的组，当考虑到统计数据时，该领域的文档至少包含平均 200 篇 PCT 最低文献量（每个专利族具有一篇文献）的专利文献，或者，近几年统计的 PCT 最低文献量的年均增长不应当低于 50 篇专利文献。

---

① 第 2 段已删除。

75. 当提出新组时，应当预期每一个这样的新组包含 PCT 最低文献量的平均 50～100 篇专利文献（每个专利族具有 1 篇文献）。

76. 应当灵活使用上文第 74 段和第 75 段所标明的数量标准。当基于合理的成本/收益时，允许偏离这一标准。

一般分类规则的选择

77. 当创建一个新的小类时，应当考虑是否应当使用最先位置优先规则。当修订现存分类表的一小部分，而且，该部分适用某个特定的一般分类规则时，只有在不引起使用者混淆的情况下，才应当考虑引入另一个不同的一般分类规则。

78. 如果认为非常有利于检索，可以使用诸如引得表或多方面分类的策略。

选择待细分的方面，例如，面向功能的方面或面向应用的方面

79. 当修订 IPC 时，应当同时考虑面向功能分类和面向应用分类的原则。已经确定，根据功能特征细分技术的面向功能分类原则包含的概念比根据特定用途或应用细分技术的面向应用分类原则更宽泛。因而，创建更多面向功能的分类位置通常比创建面向应用分类位置优先，因为这会增加包括未来技术创新的可能性。然而，不应当排除依据面向应用分类原则修订 IPC 领域，而且所有的方面都应当予以充分的考虑。

80. 例如，为了便于检索，通常创建包括相关技术特征在内的面向功能的组来细分一个技术领域比较好。创建面向应用的组通常会导致基于次要应用方面的几个组之间相关技术的分离。然而，在某些情况下，当依据功能性特征难于找出有效的细分组，或应用方面非常重要时，为重要的应用方面创建组可能对于检索更为有效。

81. 扩大分类位置覆盖度的主要动机是在控制分类成本时，提升检索质量。只有在领域技术专家对修订项目所涉及的技术和专利文献进行充分回顾后，才能最终选择分类位置的范围。

82. 应当注意，与组合体和子组合体的术语类似，面向功能分类和面向应用分类术语的区别仅与相关分类位置有关。

83. 当选择待细分的分面时，主要应当考虑与处于同一等级结构的现有分类位置之间的关系，以及在同一高等级分类位置之下现有分类位置的关系。

84. 由于分类的目的是实现检索，选择细分分面应当基于专利文献中披露的和要求专利权的技术特征以及要解决的问题/解决方案。

85. 在使用通用规则的分类表中，在相同等级混合面向功能分类和面向应用分类的组，必然会导致组之间不相互排斥。

86. 当依据面向功能分类原则修订技术领域时，通常应当避免依据应用的细分组，除非所考虑的应用方面非常重要且未被其他分类位置所包括。在这种特定的情形下，可以允许或规定可替代的策略，在这些领域同时进行面向功能方面和面向应用方面的分类。

混合系统

87. 混合系统包括一个或多个分类组，以及与这些组特定方面相关的一个或多个引

得码。

88. 混合系统背后的逻辑是通常将两个不同方面结合能够使得"与"类型的检索语句非常有效。为了减少分类位置之间的冲突，分类表通常应当尽可能少地建立分面。应当选择那些对细分特定技术领域而言最重要的分面。如前所述，面向功能的方面总是应当选择的最为重要的方面。有时，选择分类表检索时，如果结合某些其他方面能够提升检索效率。在这种情况下，可以考虑为这些方面创建引得表，特别是当这些方面用文本检索存在困难或其本身并未反映发明信息时。

89. ［删除］

90. 除了与引得码相关联的分类位置包括的信息外，引得码应当标识技术主题的信息要素。例如，一个根据结构方面细分的大组可以具有引得表，该引得表与特定的应用或要解决的特定问题有关，其对于限制检索有帮助。

91. 因而，已经包括在分类表中技术主题，不应当通过创建引得表来包含这样的技术主题方面。而仅应当创建用于分类的新的条目，这些条目建立在与分类表中已经存在的细分组相同的原则基础之上。特别是，永远不应当仅仅为了指明如下情况而创建引得表：

– 已经包括在分类表中的一般概念的进一步改变；

– 包括在现存分类表中技术主题的细节。

92. 例如，对于具有包括不同功能类型发动机的组的小类，"蒸汽发动机"的引得码并不合适，因为引得码是已经用在分类细分组某一方面的进一步的示例。如果必要，可以创建包括"蒸汽发动机"的分类位置。

93. 当 IPC 中的其他部分已存在的组能够清晰地确定出相同的技术主题时，通常不应当创建引得表。在这些情况下，推荐在这些组中使用附加信息分类。

94. 在将引得表引入 IPC 之前，应当检测可行性、成本收益以及清楚程度。这种检测也应当核实分类表不包含无益的重叠。

95. 每一个引得表必须与 IPC 中某一特定的可确认的部分相关。

96. 引得表应当具有分类定义，类似于分类表的定义。

引得表的显示

97. 为了便于显示，只要可能，所设计的引得表应当具有等级结构。

98. 引得表应使用与分类类号相似的字母数字符号。在引得表构成了分类表小类的一部分的情况下，引得表应当放置在小类底部。它的大组数字应当从分类大组中独立出一个范围。关于编号的详细说明见附录Ⅳ。

99. 构成分类小类一部分的引得表前总是应当由导引标题来指示。

100. 在每一个有相关联引得表的区域，应当用附注解释引得表的使用。

修订 IPC 的特别说明

最先位置规则，最后位置规则

101. 在适用一般优先规则的分类表中，必须仔细考虑组的顺序。大组应当以一定顺序排列以确保每一个大组包括所期望放置的技术主题。当应用最先位置规则时，一般将大组按照从较复杂到较不复杂的技术主题，专业化程度高到专业化程度低的技术主题的顺序排列。当应用最后位置规则时，大组通常应当按照与此相反的顺序排列。

通用规则

102. 当修订应用通用规则的 IPC 区域时，必须基于附录Ⅱ中的指导原则排列新的组以及修订的大组和小组的顺序，除非将会与现存组的关系引起混淆。

103. ［删除］

104. ［删除］

105. ［删除］

106. ［删除］

剩余位置

107. 大类和小类通常不应当具有剩余特性。

108. 无论何时修订现存的小类，或创建新的小类，必须慎重地考虑确保包括任何必要的剩余大组，以使得分类表全面包括所涉及的技术主题。

109. 有两种类型的剩余大组：

－　整个小类的剩余大组具有标准类名"不包括在本小类其他大组中的技术主题"。这样的大组应当放置在分类表的底部，并且，只要可能，应当具有标准类号 99/00。当这种情况不可能时，例如，当该小类中已经存在比 99/00 的编号更大的大组时，可以使用类号 999/00。

－　作为一部分小类的剩余大组具有特定的类名，例如，对于那些具有多部分类名的小类。如果可能，这种类型的大组应当直接放置在对它们而言是剩余的所有组之后。组的编号应当与 99/00 或 999/00 不同。例如，A01B 76/00，"在组 A01B 51/00 至 A01B 75/00 中不包含的农业机械或工具的部件、零件或附件"，仅仅是 A01B 小类类名第二部分的剩余，因而其直接放置在与那部分类名相关的组之后。

109 之二. 剩余大组不应当细分，并且不应当包含参见。

110. 应当避免使用剩余小组，而优先利用等级结构。例如，这种类型的一个细分组：

1/08	・移动式工具
1/10	・・旋转式工具
1/12	・・往复式工具

优于下面这种类型：

1/08	・移动式工具
1/10	・旋转式工具
1/12	・其他移动式工具

检查清单

111. 当创建小类的细分组，或当评议这类详细设计的提案时，应当牢记附件Ⅲ中的检查清单。

化学结构式和其他图解说明

112. 当修订 IPC 的化学领域时，必须考虑在分类表或者在分类定义中呈现化学结构式的可取性。应当基于用户的需要考虑，且不应当提出众所周知的化学结构式。

113. 在下述情形下，为了获得一致的分类，有必要在分类表中包括化学结构式。

— 在实践中，当环状化合物中环原子的编号方式不一致时，例如，由于应用两种不同体系的化学命名法；

— 当环状化合物的组包括了涉及编号体系的下位组时。

114. 在其他多数情况下，应当在分类定义中介绍结构式。

115. 化学结构式应当仅起到通过示例来说明在小组中分类的技术主题的作用。适用于大组的通用结构式仅应当作为例外的情况给出。

116. 应当限制示例的数量。通常，每个组一个示例已经足够。

117. 为了便于理解示例，应当使用简单且具体的结构式。如有必要，可以使用三维结构式。

118. 关于取代物，应当尽可能地介绍它们的结构，而不应当介绍它们的化学名称或俗名。

119. 当对结构式所涉及类名哪一个部分有疑问时，应当添加补充的指示信息。

120. 在 IPC 的聚合物领域，聚合物通常应用作解释说明的目的。当这样不足以描述一个组的内容时，可以选择单体来说明。

121. 当对于正确分类有必要或对使用者有帮助时，也可以将其他图形，例如机械图添加到分类定义当中。

指示、转换和修订对照数据

122. 当在项目工作阶段标示一条分类条目的状态时，例如，当提交一个提案时，应当使用下述标示：

— "N" 代表新的条目；

— "C" 代表修改了文档范围，且源条目需要再分类；

— "T" 代表修改了文档范围，但源条目不用于再分类，即目标条目；

— "M" 代表改变了的条目，但并没有影响到文档范围，且不需要再分类；

— "D" 代表删除的条目；

— "U" 代表那些保持不变的条目，但是为了提高提案的可读性而展示；

— "L" 代表那些在 IPC 的两种官方语言中一种保持不变，而另一种官方语言修改了条目，且被标记为 "M"。

在 "N" "C" 或 "T" 的情况下，这些条目将获得新的版本标示符。

123. 出于建立修订对照表（RCL）的目的，在每一个修订项目结束时，作为已经获得批准的修订成果，被任命修订项目的报告人应当考虑提交标示技术主题将如何在 IPC 的分类位置之间转换的建议。

— 对于新增的分类位置：标示所包含的技术主题的来源；

— 对于现存的改变了文档范围的分类位置：标示该分类位置文档范围中添加的技术

主题的源组，或从该位置文档范围中移除的技术主题的目标组。当分类位置作为技术主题的目标组时，应当标示从该位置到上述位置的转换；

　　— 对于删除的位置：标示原始技术主题的目标组。

124. 应当避免 RCL 中的条目指向整个大类或小类。

125. RCL 中，作为技术主题源组包含的内容仅指明分类在该组而不包括其小组中的文献应当进行再分类。当几个连续组的技术主题被转移到一个相同的位置时，即使最后的组是第一个组的下位组，也总是应当指明第一个和最后一个被转移的组。

126. 由于修订项目有关的 RCL 获得了批准，则应当在那些包括在 RCL 中的现存位置中添加一个文档范围修改的标示（"C"），即使它们的类名并未修改。另一方面，应当从那些修订项目中带有"C"的且已获得批准而不包括在 RCL 中的位置中移除"C"。

126 之二. 建立 RCL 的同时，报告人也应当准备默认转换符号（DTS）。这个列表规定了在删除的组或文档范围改变的组（源组）中的文献将如何自动转换，而这些组中的文献在修订周期结束还未进行再分类。如果可能，则应当默认转换到一个目标组，但在某些情况下，也有必要默认转换到两个或更多的组。依据修订的类型，会发生很多不同的情况。下表列出了一些典型情况。

情　形	目标组
（a）源组有新的细分组	源组
（b）源组被删除且被一个具有相同或更宽范围的新组替代	新组
（c）源组被删除且被多个新组替代	如果有单一组，新组的上位组。 如果不是单一组，所有可能的上位组。
（d）源组的文档范围变宽，例如，通过修改类名	源组
（e）用与细分小组不同的方法使得源组的文档范围缩小，例如，通过添加限定参见	源组，以及技术主题转移到的组。 如果没有单一的组，所有最可能的组（或它们所依存的上位组）。

在其他情形下，为了给默认转换寻找到最合适的位置，报告人应当自行判断。例如，如果可能，则可以使用实际转换统计数据来寻找目标组。

检查参见、大类和小类索引

127. 在每一个修订项目结束时，项目报告人应当检查所有指向所修订领域的参见，确保受修订影响的那些参见得到更新。国际局编制反向参见列表，对于给定位置，列出分类表和分类定义所有 IPC 位置中指向该位置的参见，在交叉参见列表（CRL）的帮助下执行这样的检查。

128. 在每一个修订项目结束时，必须检查大类和小类索引，并且也应当更新那些由于改动带来的影响。

改变现存分类位置的类号

129. 除了新建、删除或改变其一个或更多小组带来组的范围的修改外，如果组的范围实质性改变，则应当对组重新编号。

130. 如果组的范围没有实质性改变，除非分类表中组的位置的改变有必要重新编号，否则不应当对组重新编号。

131. 改变大类或小类的范围通常不需要改变大类或小类的类号。

132. 当创建分类位置或对其重新编号时，不应当再次使用在 IPC 的早前版本中已经使用过的分类号。然而，在没有其他选择以及例外情形下，可以使用在 1963 ~ 1967 年由欧洲理事会公布的已经使用过的编号。

133. 附件Ⅳ中可以找到选择分类号的详细说明。

[附录附后]

附录 I IPC 中附注的显示和设计

1. IPC 中的附注应当按照下述顺序归类和提出：
  （a）与所考虑的分类位置包括的技术主题有关的附注（见下文第 2 段）
    （ i ）解释包括的技术主题；
    （ ii ）解释不包括的技术主题；
    （iii）［删除］。
  （b）定义术语或词语的附注（见下文第 3 段）
  （c）注意其他附注的附注
    （ i ）注意出现在其他部、分部、大类或小类中的附注；
    （ ii ）注意出现在部、分部、大类或小类中的其他附注。
  （d）注意 IPC 中其他分类位置的附注
  （e）规定分类规则的附注（见下文第 4 段到第 6 段）
    （ i ）优先规则；
    （ ii ）最先位置规则；
    （iii）最后位置规则；
    （iv）多重分类，例如多方面分类；
    （ v ）其他规则。
  （f）与分类建议有关的附注
  （g）注意引得表的附注
  （h）其他附注

2. 与所考虑分类位置包括的技术主题有关的附注［适用于上文 1（a）］应当以下述方式呈现：
  （a）"本小类包括：
    "－ 在－－－中不包括的设备；
    "－ －－－的材料加工；
    "－ 特别适用于－－－的特征"。
  （b）"本小类不包括：
    "－ 多步骤方法，其包括在大类－－－；
    "－ 构成－－－部分的零件或附件，例如，－－－，包括在小类－－－"。

3. 定义术语或词语的附注［适用于上文 1（b）］应当如下述方式呈现：
  "本小类，所使用的下述术语或词语具有下述含义：
  "－ "加工"也包括－－－；
  "－ "联合操作"指－－－"。

4. 规定一般优先规则 ［适用于上文 1（e）（ii）和 1（e）（iii）］的附注应当如下述方式呈现：

（a）最先位置规则："本小类/大组/小组应用最先位置规则，即在每一等级，如无相反指示，分类在最先适合的位置。"

（b）最后位置规则："本小类/大组/小组应用最后位置规则，即在每一等级，如无相反指示，分类在最后适合的位置。"

5. 描述多重分类的附注 ［适用于上文 1（e）（iv）］应当以下述方式呈现：

（a）强制多重分类

" － － － ，当确定为新颖的且非显而易见时，也必须分类在 － － － "。

在强制多方面分类的情形中：

"在本小类/大组/小组中，应用多方面分类，使得以多个方面为特征、包括在多个大组/小组中的技术主题，应当分类在每个组/小组"。

（b）非强制多重分类：

" － － － ，被认为代表了检索所关注的信息，也可以分类在 － － － "。

6. 陈述其他分类规则 ［适用于上文 1（e）（v）］的附注，例如可以以下述方式呈现：

"在本小类：

" － － － 到 － － － 组被限制在 － － － ；

" － 材料的后处理分类在组 － － － ；

" － 同时涉及 － － － 的技术主题分类在组 － － － "。

7. 应当注意与引得表相关的不同附注中 ［适用于上文 1（g）］的下列措辞示例：

（a）大类中包括构成引得表小类的附注：

"小类 － － － 的代码仅作为与小类 － － － 相关联的引得表使用，以提供涉及 － － － 的信息"。

（b）与引得表相关的某一领域的附注：

"在本 － － － ，期望添加 － － － 的引得码"。

［附录Ⅱ附后］

附录 II 组的排序指引

IPC 联盟专家委员会通过，文件 IPC/CE/45/2，附件 VII

1. IPC 中使用一般优先规则的部分，必须按照组的必要性排序，这种方式确保每一个组的内容有用且前后一致。这通常需要认真分析和测试。

2. 在 IPC 中使用通用规则的部分，组的顺序对于分类没有直接的影响。在这些部分，应当将组按照逻辑性、可预测性且易于浏览进行排列。这通常可通过遵循分类表中应用最先位置规则地方所使用的组的标准化顺序的一般原理来实现。该顺序由最专业化的或最复杂的主题起始，例如专门适用某技术主题的组和组合体的组。之后较少专业化或较不复杂的主题。用于通用零件的组放置在分类表的结尾和剩余位置，如有必要，将其放置在最后。

3. 然而，最重要的原则是对于那些技术类似主题的组，应当将彼此邻近放置。如果按顺序放置类似主题的组，可能的话，添加一个共同的上位组，易于改善长分类表的结构。这还便于使用者掌握分类表。下文的指引同时适用于大组和小组。

4. 当往现有分类表中添加新的组时，必须仔细考虑组的放置顺序。新的组应当放置在最合适的位置，且不应当按常规添加到分类表的底部，或者放置在那些有空余编号的地方。如果新的组没有最合适的位置，或如果现存的组的顺序不恰当，应当考虑重新编号。

5. 如果较高等级位置的类名是多部分类名，应当认为类名的每一部分各自独立，与其他部分范围没有重叠，与每一部分类名相关的组应当放置在一起。对于分别与类名不同部分相关的分类表，应当将其与类名的各部分一样按照相同的顺序放置。

6. 只是分类表一部分的剩余组应当被放置在该部分的最后。

7. 应当考虑组是否涉及相同类别，例如产品或方法，应当将分类表所包括的不同类别技术主题放置在一起。在某些技术领域这可能有用，而在其他技术领域，无论主题类别如何，将类似的技术集中在一些组可能更为有用。当区分类别时，它们通常应当按照下述顺序排列：

（产品的）使用方法

（制造的）产品

产品制备的方法

制造产品的设备

制造产品所用的材料

8. 高度专业化的组，例如特定应用型的位置，应当靠近分类表的顶部放置，且不应当与用于功能型的主题的组混在一起。

9. 用于复杂技术主题的组，例如包括几个子系统的组合体，应当靠近分类表的顶部放置。

10. 相同类型技术主题不同方面的组应当放置在一起，例如，控制方面、电气方面、化学方面、材料方面、机械方面、安全方面和性能方面。

11. 对于那些仅适合特定类型主题的组，应当与其他类型主题的组放置在一起，例如，作为小组。

12. 用于较为通用的零部件组应当靠近分类表的末尾放置。

13. 对于那些给出了优先顺序的组，应当依照所给出的优先顺序放置在相关组之上。

[附录Ⅲ附后]

附录 Ⅲ　修订 IPC 的检查清单

1. 本检查清单并不完整，但是旨在作为应当考虑的各种要点的指引。

2. 应当时刻牢记于心的是，该检查清单中所列的各项条目不能单独讨论，相反，这些项目高度相关。

一般方面

3. 应当检查所有措辞的清晰程度、潜在的含糊之处、术语或词语使用的一致性，以及 IPC 的英文版和法文版之间的一致性。此外，应当注意《IPC 使用指南》第六章和第十六章。

4. 应当检查每一个参见和附注的准确性，以及为了类似目的与其他所采用参见和附注的一致性。应当检查分类表和分类定义中所有参见的放置位置。

5. 应当检查类名、参见、附注和分类定义是否正确地确定了与其他分类位置的必要的边界。特别应当注意由应用确定的条目和由功能确定的条目之间的边界。

6. 应当检查是否包括了发明所有相关的类别，例如，产品、方法或设备。

7. 当引入一般分类规则（例如最先位置规则）时，应当进行实际文档的分类测试，以验证这些规则是否能够实现所期望的技术主题的分配。

修订类别

小类修订

8. 应当考虑下述问题：
- （a）是否清晰地定义了小类的范围；特别是对于下列项目所给出的参见：
  - – 小类类名；
  - – 小类中不同位置中的附注；
  - – 小类中不同位置中的参见；
  - – 小类分类定义，其包括的术语表；
  - – 与大类类名相关的附注。
- （b）大组的细分是否使得检索有效。
- （c）是否有本小类不包括或未专门指出的技术主题落入了本小类的范围内。
- （d）剩余组、面向应用分类的组或"零件"组的存在和必要性。
- （e）每一个大组是否都落入了小组的范围内。

（f）大组之间可能的重叠。

（g）将小类表用导引标题划分为不同部分的实用性。

（h）关键词索引中是否需要作任何修改。

组的修订

9. 应当考虑下述问题：

（a）是否清晰地定义了组的范围；尤其对于下列项目所给出的参见：

- 组的类名；
- 小类中不同位置处的附注；
- 小类中不同位置处的参见；
- 组的定义，如果有的话；
- 带有参见和附注的大类和小类的类名。

（b）小组的细分是否对检索足够有效。

（c）每一个小组是否落入了其高等级组的范围内。

（d）小组之间可能的重叠。

（e）细分组等级的准确性。

（f）文献的数量和分类实践是否足以确定每一个组存在的有效性。

（g）关键词索引中是否需要作任何修改。

［附录 Ⅳ 附后］

附录Ⅳ　新分类位置中的分类号

小类类号

1. 小类类号的最后一个字母必须是辅音字母。然而，因特殊需要，除了"I"和"O"，可以接受使用元音字母。

新小类中大组的编号

2. 在包括 20 个以内大组的新小类中，大组的编号应当在 1 到 98 间隔开，在组和组之间，以及在分类表开头和结尾都留出将来补充大组的空间。如果需要一个剩余大组，应当将其编号为 99/00。如果引入一个引得表，第一个大组的编号应当是 101/00。

　　—　在包含 20 个以上大组的新小类中，可以使用 100/00 以上的编号，在组和组之间，以及在分类表开头和结尾都留出将来补充大组的空间。如果需要一个剩余大组，应当将其编号为 999/00。如果引入一个引得表，第一个大组的编号应当是 1001/00。

引得表的编号

3. 如果将引得表添加到现有小类中，其编号应当依据情况进行选择，但是只要可能，引得表第一个大组的编号都应当是 101/00。

小组的编号

4. 小组的编号应当尽可能限制在斜线后 4 位。斜线后数字最多有 6 位。

5. 除了斜线后面仅有 2 位数字的组外，不允许组的编号最后一位数字为 0。

6. 当在新大组下创建细分组时，例如，10/00，一点组的预期编号小于 10 且分类表整体不会达到/99 组。这些一点组应当编号为 10/10、10/20、10/30 等。这样，大组中包括的每一个小组主题的第一个数字将相同。

7. 当在新大组下创建了多于 10 个一点组时，或当一点组添加到现有大组中且不能应用上文第 6 段的原则时，选择组的编号时应当尽可能使新组的间隔相同。这同样适用于当新细分组插入一个现存的分类表中。据此原则，为了进一步补充细分组，每一个细分组的编号应当为：

$$n_x = A + (x \times r)$$

其中：

n_x 表示第 X 个新组的小组的编号（$1 \leqslant x \leqslant N$）；

A 表示区间前的小组编号 B 表示区间后的小组编号 1；

$r = (B - A)/(N + 1)$；

N 表示需新增小组数量。

例如：

（a）根据上述第 6 段，当需要在分类表中 10/10 与 10/20 之间增加二点组时，需增加的小组总数及对应上述公式计算出的编码为：

一个组（$r = 5$，$x = 1$）   10/15

二个组（$r \approx 3.3$，$x = 1$，2）   10/13，10/17

三个组（$r = 2.5$，$x = 1$，2，3）   10/12，10/15，10/18

四个组（$r = 2$，$x = 1$，2，3，4）   10/12，10/14，10/16，10/18

五个组（$r \approx 1.7$，$x = 1$，2，3，4，5）   10/12，10/13，10/15，10/17，
                                                            10/18

六个组（$r \approx 1.4$，$x = 1$，2，3，4，5，6）   10/11，10/13，10/14，10/16，
                                                            10/17，10/19

七个组（$r = 1.25$，$x = 1$，2，3，4，5，6，7）   10/11，10/12，10/14，10/15，
                                                            10/16，10/18，10/19

八个组（$r \approx 1.1$，$x = 1$，2，3，4，5，6，7，8）   10/11，10/12，10/13，10/14，
                                                            10/16，10/17，10/18，10/19

九个组（$r = 1$，$x = 1$，2，3，4，5，6，7，8，9）   10/11，10/12，10/13，10/14，
                                                            10/15，10/16，10/17，10/18，
                                                            10/19

（b）如以 02 为间隔将组加至现有序列时，例如在组 1/02 至 1/04 之间，需增加的小组总数及对应计算出的编码为：

一个组（$r = 1$，$x = 1$）   1/03

二个组（$r \approx 0.67$，$x = 1$，2）   1/027，1/033

三个组（$r = 0.5$，$x = 1$，2，3）   1/025，1/03，1/035

四个组（$r = 0.4$，$x = 1$，2，3，4）   1/024，1/028，1/032，1/036

五个组（$r \approx 0.33$，$x = 1$，2，3，4，5）   1/023，1/027，1/03，1/033，
                                                            1/037

六个组（$r \approx 0.28$，$x = 1$，2，3，4，5，6）   1/023，1/026，1/029，1/031，
                                                            1/034，1/037

七个组（$r = 0.25$，$x = 1$，2，3，4，5，6，7）   1/022，1/025，1/028，1/03，
                                                            1/032，1/035，1/038

八个组（$r \approx 0.22$，$x = 1$，2，3，4，5，6，7，8）   1/022，1/024，1/027，1/029，
                                                            1/031，1/033，1/036，1/038

九个组（$r=0.2$，$x=1$，2，3，4，5，6，7，8，9）　　1/022，1/024，1/026，1/028，1/03，1/032，1/034，1/036，1/038

特例

8. 一般应遵循上文所述的编号规则。当理由足够充分时，允许出现例外。例如，考虑未来任何可预见的修订而预留出空余间隔，未来的组很可能添加到这些地方；或者，为了避免改变组的类号，当将具有相同文档范围的组从另一分类表中引入 IPC 中时。

修订过程中临时组的临时编号

9. 在修订项目的技术讨论和评议阶段，组应当使用临时编号。这并不一定要与上文所提及的规则相符。在每个修订项目结束而被采纳前，应当采用最终编号替换这些临时的编号。在相同的项目中，曾经在项目中使用过的临时编号永远不应当被其他提出的（例如新的）组再次使用。

〔附录Ⅴ附后〕

附录 V   IPC 修订请求

大类或小类

1. 待修订的技术领域描述：

2. 修订申请须依据以下标准进行评估：

修订原因

☐	a1	细分的 IPC 组中文献量过多	平均文献数量
☐	a2	细分的 IPC 组具有大量的申请量，即文档数量增长过快	数量/年度
☐	a3	细分的 IPC 组由修订候选领域列表中确定（见 CE456）	是 ☐ 否 ☐
☐	b	未专门包括在当前 IPC 中的新兴技术领域（NET）	统计值（可选）
☐	c	由于技术的更新，分类表结构对检索而言效率低下。提议的新分类表预计会提高检索效率	是 ☐ 否 ☐
☐	d	改善措辞以提高分类的一致性或避免与 IPC 其他位置重复	是 ☐ 否 ☐

影响项目成本和工作量的因素

	e	在内部分类表中已经有合适的细分位置并且易于引入 IPC 中	分类表	小组的编号
	f	再分类：再分类同族文献的数量	使用现有的数据机器分类	人工分类

附加说明：

提议局：

日期：   签名：

［附录 VI 附后］

附录Ⅵ　分类定义起草指南

一般性建议

使用者期望在分类定义中找到分类表中难以获得的补充解释和指引。如果不能获得这样的补充材料，则没必要起草分类定义，因其将会仅仅重复在分类表中已经能够获得的信息。

不应当对分类定义中各部分的段落进行编号，而应当用项目符号列表代替编号。上下文中应当小心避免提及这类编号段落。

在短语中应当避免使用编号指明不同的项。在长短语的情况下，应当使用项目符号段落代替。

分类定义不应当包括提及专利文献的示例。

起草分类定义的模板见本附件最后部分。

定义陈述

定义陈述是适合分类位置技术主题的更为详细的解释。

应当使用完整的技术解释来定义分类位置的范围，而不是仅使用定义陈述中的类号来指回到这些组。

定义陈述的范围应当与类名的范围实质相同。当一个分类位置还包括了其类名没有明确提及的发明类别时，这种情形应当在分类定义中提及。

定义陈述可以根据需要为使用者提供所需的完整信息。然而，应当避免使用冗长、复杂的短语，例如，同时包括了多种下述项的短语："即""例如""有序列表""括号中的项"等。

定义陈述应当清晰详尽地说明分类位置的含义，而不是仅仅重复其类名。定义陈述可以使用类名中单词的替换词，特别是已经分类在这一位置中的专利文献中出现过的相关单词和词组。当有助于理解本小类内容时，应当这样做。应当避免系统性地使用可替换的术语，因为这可能给使用者造成混淆。如果分类表中现存附注内容足够清楚，可以不作修改而直接使用这样的内容。对于那些从类名看可清楚地知晓分类位置的含义，且进一步的解释并不会有任何帮助的情形，可以省略定义陈述。

定义陈述应当对适用分类位置的技术主题进行肯定描述，而不使用从该位置排除的技术主题的否定描述。应当以短语"本位置包括："开始。排除的技术主题所适用的分类位置出现在"限定参见"（见下文）下。

对于有大量大组的小类，或具有包括不同技术领域的多部分类名的小类，定义陈述应当反映小类的结构。当类名或分类表的各个部分与不同技术主题相关联时，每一部分都应当使用独立的语句来定义。

定义陈述可以包括解释性的附注和图表，该附注和图表代表了适用该分类位置的技术主题。解释性附注澄清或解决特殊或复杂的问题。诸如化学结构式、附图的图形更为详尽地解释分类位置所包括的技术主题，定位到那些有助于理解的地方。

应当避免对图形进行编号。然而，如果图形来自专利文献，只要并不困难，应当移除编号。应当注意图形的清晰度。

与其他分类位置的关系

当小类的范围总体上受其与其他位置关系影响，而这些关系不能够完全用参见的形式表述时，在该处陈述这些关系。

该部分包括特殊分类规则或者用于规定不同分类位置之间分类实践的指引，例如引得小类或组的有效性和用法、多重分类、一般（面向功能）位置和面向应用位置之间的关系、剩余位置和其他相关位置之间的关系。

当仅在小类/组内应用分类的特殊规则或规定分类实践的指引时，则使用"分类的特殊规则"这样的特定部分。

该部分还包括对特定技术领域中附注特定应用的更为详尽的解释，在分类表中，这些技术领域的附注仅仅以标准化措辞解释了分类规则。

分类位置之间的关系，以所涵盖的分类位置为特征来考虑是限定参见还是非限定参见。当分类定义中某些参见没有完全阐明这种关系时，该部分应当用来解释这一关系的性质，以尽量减少混淆。

如需要，可使用图表。

参见

小类定义的参见部分仅提及与整个小类或几个大组都相关的参见。仅与特定大组或小组相关的参见出现在该组的分类定义的相应部分。

在包括大量参见或参见与不同技术主题相关的情况下（例如具有多部分类名的小类包括了不同技术领域），与相同技术主题相关的参见应当在共同的子标题下分组。

分组中的参见应当按分类位置的字母顺序排列，首先列出指向同一小类分类位置的参见。

参见以两栏的方式呈现；左边一栏显示参见的文字表述，右边一栏是参见指向的位置。

参见应当指明所分类技术主题最具体的位置，例如，如果技术主题仅包括在特定的组，应当指明该组而不是小类。应当避免指向部和大类的参见。

限定参见在下述子标题下分组：

"限定参见

"本位置不包括："。

优先参见列在表头为"限定参见"的表格中，使用所考虑被排除技术主题的完整描述［见《IPC 使用指南》第 39（b）段］。

如果参见不是限定性的，可以在"与其他分类位置的关系"部分描述它们的作用。

来自一般（面向功能）位置指向面向应用位置的参见编组在下述子标题下：

"面向应用的参见

"当特别适用、用作某一特定目的或结合在一个大系统中，该位置中技术主题的示例包括:"。

从剩余位置指向非剩余位置的参见在下述子标题下编组：

"剩余位置指出的参见

"与该剩余位置相关的分类位置示例:"。

信息性参见指明了检索可能关注的技术主题的位置，但参见出现处的位置并不包括该信息性参见。从面向应用位置指向一般（面向功能）位置的参见是信息性的。应当避免指向那些检索并不关注、不太相关的位置的参见。

信息性参见编组在下述子标题下：

"信息性参见

"注意下述检索可能关注的分类位置:"。

需要的地方可以使用图表。

分类的特殊规则

该部分包括特殊分类规则，其仅在小类/组内部应用，而不在小类/组之间应用。这类分类规则的示例如最后位置规则或最先位置规则。正常的优先规则并不视为特殊规则，因而不应当列在此处。

仅影响小类中一个大组的特殊分类规则在该大组分类定义的相应部分进行陈述。

应当避免使用段落编号，而允许使用子标题。

术语表

该部分包括类名或定义陈述中出现的重要词语或短语的定义。当这些词语以一种比其常规用法更为精准或受限的方式使用时，术语表格外有用。

该部分以语句:"在该位置，下述所使用词语或短语的含义指:"开始。

专利文献或技术文献中找到的，但并未出现在分类表或定义陈述中的专门术语通常应当出现在下一部分。

术语表中的术语应当优先使用单数形式。

需要的地方可以使用图表。

同义词和关键词

这一个可选部分旨在为专利文献或技术文献中使用的术语确立同义词、关键词、缩写和首字母缩写词。这将在该技术领域的电子检索中有助于构建查询检索式。例如，组 B60T 8/00 中，关键词"anti – lock"和"anti – skid"会对检索者有帮助。

当这些术语并未出现在分类表或定义陈述中时，同义词和关键词部分可以包括这些术语的定义。

在 IPC 的官方出版物中，对于同义词、关键词、缩略语或术语的特殊含义，可以使用下述标准化用语：

　　　　– 专利文献中，单词/词组"－－－""－－－"和"－－－"经常用作同义词。

　　　　– 专利文献中，经常使用单词/词组"－－－"而不使用分类表这一位置所使用的"－－－"。

　　　　– 专利文献中，经常使用的单词/词组"－－－"的含义为"－－－"。

　　　　– 专利文献中，经常使用下述缩写〈缩写〉　　=　　〈完整描述〉

分类定义模板

定义陈述

本小类包括：

与其他分类位置的关系

参见

限定参见

本位置不包括：

面向应用的参见

当特别适用、用作某一特定目的或结合在一个大系统中，该位置中技术主题的示例包括：

剩余位置指出的参见

与该剩余位置相关的分类位置示例：

信息性参见

注意下述检索可能关注的分类位置：

分类的特殊规则

术语表

在该位置，下述所使用词语或短语的含义指：

同义词和关键词

缩写：

［缩写］	［术语］

同义词：

［术语］	［术语］

可替换词：

［专利文献中所使用的术语］	［分类表中所使用的术语］

特殊含义：

［术语］	［特殊含义］

［附录Ⅶ附后］

附录Ⅶ 内部分类表转换到 IPC 中的指南

当将已经存在的内部分类表，例如，从 CPC 或 FI 更改适应到 IPC 中时，应当注意以下几点：

新大组的必要性

1. 需要通过将新组适应到现存 IPC 大组中时，分类表经常受到限制。此时，应当考虑创建新大组的可能性，而不是扩大现存大组的范围。

2. 有些时候，分类表被开发为剩余位置的小组。在这种情况下，必须要考虑创建新大组的可能性。

组的顺序

3. 分类表的开发通常要经历一段时间。在这种情况下，组的顺序可能不具有逻辑顺序，而是按照时间先后顺序，或依据其类名的字母顺序排列。

4. 出于编号原因，小组经常被快速添加到其等级结构上较高的组，并且不在其他类似小组之间最合乎逻辑的位置。

5. 当转换当前分类表时，应当检查组的顺序以符合《IPC 修订指南》附件Ⅱ的要求，并且，应当小心谨慎，预估不要产生非必要的再分类工作。

等级结构

6. 某些时候，已经开发了一段时间的分类表是"平行的"，其具有很多并没有按照等级结构安排的平行组。

7. 某些分类表包含剩余小组，应当避免这类情形。

8. 当转换当前分类表时，应当检查这些组的等级结构是否与《IPC 使用指南》第三章以及《IPC 修订指南》第 110 段中定义的原则相符。并且，应当小心谨慎，不要产生非必要的再分类工作。

澄清用语

9. 分类表可以由较窄技术领域的专家开发，这些专家熟悉该技术领域中使用的专用词语、缩略语和行话。不同语言背景的非专家人员也使用 IPC，并且，对于他们而言，必须是可以理解和明确的。

10. 分类表可以由那些母语为非 IPC 官方语言的人开发，或从非 IPC 语言翻译而成，因而分类表也可能包括非标准的句法结构和词语。

11. 分类表可能由技术专家开发，不能要求他们知晓或应用《IPC 修订指南》中的细节，因而分类表可能包括非标准的句法结构和词语。

12. 当转换当前分类表时，应当检查其类名中的用语以确保它们清楚地指明了分类位置的范围，见《IPC 修订指南》第 12 段到第 30 之二段。分类定义中可能需要添加补充解释说明。

参见

13. 在引入 IPC 之前，非限定性参见必须从分类表中移除。这样的参见可以引入到相关位置的分类定义中。

14. 如果分类表包含优先参见，应当考虑它们是否有用，否则可删除以支持多方面分类。

15. 在彼此不相邻的分类位置之间的优先参见，例如不能在同一页或同一屏中看到的优先参见，应当替换为限定范围参见。

16. 如果不能很明显地解释优先参见，例如需要使用者分析受影响的组之间的覆盖范围，那么这样的优先参见应当被替换为限定范围参见。

17. 当转换当前分类表时，应当检查其中的参见以确保它们遵从《IPC 修订指南》第 31 段到第 46 段的规定。

示例

18. 分类表可以包括长的示例列表，这通常更适用于组一级的分类定义。

19. 当转换当前分类表时，应当检查其中的示例以确保它们遵从《IPC 修订指南》第 47 段到第 51 段的规定。